Venus Williams
Campeona del tenis

Heather Feldman

Traducción al español
Mauricio Velázquez de León

The Rosen Publishing Group's
Editorial Buenas Letras
New York

1

Para Sophie Megan

Published in 2002 by The Rosen Publishing Group, Inc.
29 East 21st Street, New York, NY 10010

First Edition in Spanish 2002
First Edition in English 2001

Book Design: Michael de Guzman

Photo Credits: pp. 5, 15, 17, 19 © CLIVE BRUNSKILL/ALLSPORT; p. 7 © KEN LEVINE/ALLSPORT; p. 9 © JACK ATLEY/ALLSPORT; p. 11 © AL BELLO/ALLSPORT; pp. 13, 21 © GARY M. PRIOR/ALLSPORT.

Feldman, Heather.
    Venus Williams: campeona del tenis / Feldman, Heather : traducción al español Mauricio Velázquez de León.
       p. cm.— (Reading power)
    Includes index.
    Summary: A biography of the young tennis player who has been ranked among the top ten women players in the world.
    ISBN 0-8239-6120-6 (alk. paper)
    1. Williams, Venus, 1980- —Juvenile literature. 2. Tennis players—United States—Biography—Juvenile literature. 3. Afro-American women tennis players—Biography—Juvenile literature. [1. Williams, Venus, 1980- 2. Tennis players. 3. Afro-Americans—Biography. 4. Women—Biography. 5. Spanish language materials.] I. Title. II. Series.

GV994.W49 F45 2001
796.342'092—dc21
[B]

Manufactured in the United States of America

2

Contenido

Venus Williams es tenista profesional.

Venus ha jugado al tenis durante muchos años. Ha jugado desde que era niña.

Venus tiene una
hermana llamada Serena.
Ella también es tenista.

Venus y Serena ganan trofeos. Las dos son muy buenas jugadoras de tenis y muy buenas amigas.

Venus puede moverse
muy rápido
para
alcanzar la
pelota.

Venus puede saltar muy alto y golpear la pelota en el aire.

A Venus le gusta usar cuentas en el cabello. Venus tiene un estilo muy personal.

17

Venus usa una raqueta muy grande. Con ella puede golpear la pelota con fuerza.

Cuando Venus gana se pone muy contenta. Gana trofeos jugando al tenis. Venus es una gran tenista.

Glosario

estilo Forma especial de verse o actuar
que define a una persona.

raqueta (la) Objeto que usan los tenistas para
golpear la pelota de tenis.

tenis Deporte en el que dos o cuatro personas
golpean una pelota por encima de una red
usando raquetas.

trofeo (el) Lo que obtiene un deportista cuando
gana un campeonato.

Si quieres leer más acerca de Venus Williams, te recomendamos este libro:

Venus Williams (Galaxy of Superstars)
By Virginia Aronson
Chelsea House Publishers

Para aprender más sobre tenis, visita estas páginas de Internet:

http://www.yahooligans.com/Sports_
  and_Recreation/Tennis
http://www.excite.com/sports/tennis/
http://espn.go.com/tennis/
  index.html

Índice

Número de palabras: 113

Nota para bibliotecarios, maestros y padres de familia
Si leer es un reto, ¡Reading Power en español es la solución! Reading Power es ideal para lectores hispanoparlantes que buscan un nivel de lectura accesible en su propio idioma. Ilustrados con fotografías, estos libros presentan la información de manera atractiva y utilizan un vocabulario sencillo que tiene en cuenta las diferencias lingüísticas entre los lectores hispanos. Relacionando claramente texto con imágenes, los libros de Reading Power dan al lector todo el control. Ahora los lectores cuentan con el poder para obtener la información y la experiencia que necesitan en un ameno formato completamente ¡en español!

Note to Librarians, Teachers, and Parents
If reading is a challenge, Reading Power is a solution! Reading Power is perfect for readers who want high-interest subject matter at an accessible reading level. These fact-filled, photo-illustrated books are designed for readers who want straightforward vocabulary, engaging topics, and a manageable reading experience. With clear picture/text correspondence, leveled Reading Power books put the reader in charge. Now readers have the power to get the information they want and the skills they need in a user-friendly format.